MARIPOSAS ANDUNAS

Jesus Armando Peña Coral

(Chucho peña)

SAN JUAN DE PASTO NARIÑO COLOMBIA

ISBN
978-958-48-2407-3

DEDICATOR

A MARIA DOLORES CORAL QUE SIEMPRE
VIVIRA EN MI CORAZON

A MI HIJA MANUELA ALEJANDRA

Autor
Jesús Armando Peña Coral
(Chucho Peña)

Prólogo
Piedad Figueroa Arévalo

Corrección de Estilo
Luz Elida Vera Hernández

Primera edición agosto de 2016
Diseño de caratula: Chucho Peña
Correo de contacto:
chuchotarqui@yahoo.es

Editorial: AMAZON
San Juan de Pasto, Nariño, Colombia

PROLOGO PARA UN VUELO EN LOS ANDES

Tarea difícil entrar en la voz que deja cada verso, su huella, su imagen, la línea que traza en la memoria, al parecer son experiencias que cada lector asume, de acuerdo con sus vivencias, con su construcción interna y las voces que lo acompañan. Me veo precisada a decir, entonces, que los poemas vividos, sentidos, pensados y escritos por Jesús (chucho Peña,) tienen el eco de la multiplicidad de imágenes que rondan alrededor de un espacio – tiempo real o imaginario, en donde se tejen 'Los ojos del Sol, o El silencio, o El Suspiro', como en un VUELO DE MARIPOSAS ANDINAS.

El poeta toma el riesgo de lanzarse al abismo de la creación por la escarpada ruta que llevan las palabras y sus silencios, mezcla un tanto curiosa....qué tanto debe pronunciar, pero también ¿Cuánto debe callar el poema para que su vuelo no se detenga?   El aletear de las palabras y los versos van deslizándose para dejar suspendido el murmullo multicolor de la 'Barca' o de la 'Tierra' o del 'Río', y surge el poema:

RIO

'Cuando la tarde desviste la noche

el silencio se va amontonando

en el río que empieza a dormirse

en la orilla del muelle de piedra.

Los rumores de la lluvia van creciendo

el viento fresco agita el alma

se resguardan las aves debajo de los árboles

Son lentos los pasos del tiempo

parecen cuajarse los ojos de la luna

deambulan susurros de nostalgia

en diminutas canoas cansadas.

La poesía deja su huella escrita en la memoria del tiempo, con la misma fuerza con que se crea cada verso, pues le da forma al sentir, al pensar, al vivir, al leer cada instante y situación en una especie de diálogo consigo mismo o con aquellos fantasmas blancos, grises o multicolores que lo rodean y que esperan ser materializados en el blanco profundo de la página.

En ese diálogo, chucho peña, le canta a los ojos, al limbo, a Dulcinea, a la noche, a la misma noche que muchos poetas le han cantado con distintas voces, pero que seguramente para él, tiene un color y un aroma distinto:

La noche se vuelve luctuosa

tiene el alma desgarrada

herida por la tristeza

Corazón sin espíritu

torturado por el llanto

que canta en un cementerio

La ausencia cierra los ojos

esconde los caminos

que conducen a tu paraíso.

En el libro, se sienten las nostalgias de algo que solamente el autor podrá determinar de qué o de quién, pero el lector decidirá en qué medida las acoge o hacia quién las dirige, por lo tanto, invito a su lectura, degustando cada página, cada palabra lenta y silenciosa como el aletear de las mariposas andinas.

Piedad Figueroa Arévalo.

Escritora.

Noviembre de 2016

TU CUERPO

Se recoge la tristeza en una nube de algodón
florezca la utopía en primavera
y los vientos germinen tu cuerpo

Que el llanto de niebla bese tus formas
que un hilo de la luna riegue tu cuerpo desnudo
y en la fertilidad de tu huerto se hunda mi semilla

Que los frutos maduros de tu cuerpo
descansen en mis labios fervientes
cortejando tus franjas desnudas
hasta saciar el anhelo en tu vergel

NIDOS

La nostalgia se inunda de cenizas
frío de invierno en el alba
al pie de la loma de fuego
que inmortaliza tu ausencia

¿Cómo soterrar lo que no se muere?
¿Lo que nunca se ha poseído?

No se corteja lo que no se conoce
ni se olvida lo que no se abandona
ni se ama las sombras que nunca llego

Se oscureció el corazón del edén
Invadido de fantasmas tristes
que aletean lúgubres
en un jardín abandonado

OJOS DEL SOL

Se estancan las horas a orillas de la soledad
se hunden tus formas en un espejo deagua
descansa en silencio tu voz con en el viento
velan tus ojos la pasión desdeñada

Flórese la nostalgia en tu ausencia
la soledad no se oculta del babor
aprendió a vivir en la gloria pasada
en el bostezo de un atardecer
donde vaga un poeta enamorado

Bordea en tus manos una guirnalda
en el telar blanco de una alma virgen
abandonada sin alas
que solo avistan los ojos del sol

BARCA

Anclo tu barca en una playa seca
Sembrada de harapos y matizada de nostalgia
en la risa lánguida de los espejos del mar
donde se hunden las gaviotas heridas en la tarde

Lluvia fatigada llena de penas
agonía de un canto enamorado
postrados entonos de flores negras
de ese jardín labrado por la parca

Barca de niebla y velas negras
Invadidas por fantasmas tristes
que busca ciegamente
salir del vientre del mar

SONIDOS TRISTES

Sentirás tristeza en mis versos
angustia en las palabras abrasadas
en el llanto de una tarde

Dolor de enrojecidas horas
acongojadas por el llanto del corazón
en el filo de una guadaña

Sentirás el alma sollozar
apretada en un espíritu
como un caracol herido
sin casa y sin vida

Sentirás correr la ira en tus venas
como agua turbia de un río desbocado
como una lengua de fuego que crece
y seca tu garganta que espanta el paisaje

BUSCÁNDOTE

El silencio cuajado mata los sueños
calcina la esperanza del amor
reafirma la ausencia de tus formas
que alimenta la pasión en la noche

El tiempo mata lo que se duerme
la distancia no mata el amor
anónimos suspiros se ahogan

una voz sin eco lo llama
en el oscuro cielo de la vida

El silencio llora en el fondo de los ojos
muere acompañado de un lamento
volviendo lentos los días
buscándote en las sobras

PALABRAS

Juegan palabras en locas ilusiones
de piedra y mármol tallando versos
formas inventadas en un sueño
que solo el poeta logra descifrar

Palabras dibujadas en bocas enamoradas
imágenes de fantasías conjeturadas
verdades envueltas en mentiras
lágrimas del alma que desgarra la vida
en la sombra de una luna enamorada

Palabras hechas signos que duelen
que solo el poeta puede cantar
exorcizando el dolor del espíritu
en palabras juguetonas

LA MAR

Se asoma el mar por los ojos del cielo
como un niño travieso jugando a las escondías
desterrando la risa del sol
de los follajes de tu alma

Bailan penas negras en el grito del viento
el mar tiñe tu rostro de tristeza
duermen en tus labios rosas rojas
escurren gotas de agua que te acarician
en la apacible miel de tu corazón

Divina flor de pergaminos blancos
duermen tus ojos en trigos maduros
abarca la ternura tu rostro
más arriba del cielo te espera mi corazón

EN EL MUELLE

Los susurros empiezan a irrumpir la noche
en la mitad del cielo se dibujan espejos de la luna
luz con alas de nieve enredada en tu piel
marimba que canta al otro lado del río
como un niño perdido en la selva

El río se recoge agotado por el tiempo
en la calzada de su eterno destino
aguas vivas que cautivan los ojos del cielo
ramas de nostalgia triste alberga el corazón
se cierra en una flor rozada para morir en un instante

Todo florece triste y yermo
mis ojos dibujan tu imagen en una canción
el amor que agoniza antes de crecer
amor que bordea el sueño desnudo
en una divina esperanza de tenerte en mi alma

24

EN EL RÍO

Cuando la tarde desviste la noche
el silesio se va amontonando
en el río que empieza adormirse
en la orilla del muelle de piedra

Los rumores de la lluvia van creciendo
el viento fresco agita mi alma
se resguardan las aves debajo de los árboles

Son lentos los pasos del tiempo
parecen cuajarse los ojos de la luna
sembrando susurros de nostalgia
en diminutas canoas cansadas

TÍMPANO

Recuerdo tus ojos oscuros
como un charco de agua viva
donde habita la luz de la luna
que ríe como un sol del alba
cargado de esperanzas

Recuerdo tus labios rojos
desnudando tu risa de niña
colmando de ternura tu imagen
en el candor de una mujer

Recuerdo el viento serpenteando tu pelo
abrazando tus formas sin permiso
susurrando en tu mirada
canciones de amor sin rima

LUZ

Quién te amoldó en mi destino
para alegrar mis últimas gotas
que se esgrimen en el cántaro roto
sin magia y sin cielo

Quién te puso en mis últimos versos
como un símbolo dulce y sensitivo
lleno de magia enamorada
que alimenta los ojos del corazón

Quién ve el templo de tu cuerpo
sin temor y sin vergüenza
con los gritos sordos del deseo
en el aroma escondido de mujer

TARDE

La tarde empaña los ojos del agua
donde agoniza el horizonte lentamente
apagando la prisa de las aguas del río
que duerme cansadas en su lecho de piedra

Las aves grises vuelan sin prisa
guardan su último bocado antes de dormir
cuando el viento sosegado se sienta en el muelle
y las barcas se mesen dormidas a orillas del río

Niños desnudos chapotean en el agua
escuchando el rumor sordo de la briza
que acompaña el sonido lejano de una marimba
y una guitarra que llora al otro lado del río

31

SUEÑO

Te amontoné en un sueño ideal
en la fantasía de un poema
en la cosmovisión de mi corazón
parco por el tiempo

Quise tatuarte escondiéndote en mi alma
poniendo en tus ojos una flor dibujada en un cristal
quise cuidarte del frío cuando el invierno te tocaba
y como un terciopelo blanco abrigar tus mejillas

Te busqué en las nubes blancas de verano
en el amor de una estrella que yo inventé
y la libere para que brille en el cielo

33

EN LA VENTANA

Canción dorada sucesora del sol
inventada en el hastió de la soledad
dispersa en mis versos
que prospera en palabras tímidas
que vuelan en noches claras

Paloma taciturna anclada en mi ventana
donde la infinita tristeza de la soledad
descubrió en tus ojos la luz
trazando en los nuevos muros
viejos poemas enamorados

Niña prendida encandilejas de dios
en el aguijón de la risa del sol
que Reverdece en mi corazón
como una centella blanca
Inventando nuevas primaveras

DULCINEA

De las quimeras del poeta
germina la esperanza de la luna
que vive expedita cuando está a tu lado
circundada del fervor de tus alas

Dulcinea
Inventada en la soledad de mis sueños
en la balada matutina del sol
en el vagabundo brillo de las estrellas

Dulcinea
que armonizas mis versos
regandoflores blancas
en la fuente de la aurora

LIMBO

El alma llora para estremecer su corazón
canta para desnudar su pasión
y derogar las huellas del dolor

Todose va y todo regresa
pasiones ciegas que sollozan
cuando el camino sucumbe

39

OJOS

Ojos bulliciosos
Apacibles chorrillos de luz dorada
que resplandece en mi vida
arrebatada y afligida

Sin estampas en mi corazón
ni nebulosas de amor en mis ojos
Ni estrellas ciegas

Emigra incansablemente el amor
espíritu silencioso sin fe y sin Dios
que no anhela vivir en la historia
ni en la memoria de tu corazón

41

FLORES

Flores negras habitan el corazón del poeta
cantilenas de fuego encienden el alma del sol
donde Soflamas dulces hechizos de la vida

Amores desconsolados que nunca mueren
amigos de plata que se hicieron oro
mujeres de oro sin corazón

Pasiones arraigadas en mentiras
días angustiados en la luna ciega
que mueren conmigo cada día

NOCHE

La noche se vuelve profana
con el alma desgarrada
magullada por el agobio

Corazón sin espíritu
torturado por el llanto
que pulla en un cementerio

La ausencia cierra los ojos
esconde los caminos
que conducen a tu reino

SONRISA

tu vanidosa sonrisa
aborda el espíritu enamorado
anclado en la guarida de la noche
anhelando beber el agua de tu manantial
después de vagabundear en otros labios

Guiña la noche sus ojos en tus ojos
enreda sus manos en tu cabellera
como enredadera fertilizada
explayada en tus hombros

Residen tus ojos en una estrella breve
circundada en cortinas de rizos negros
que te hacen niña y mujer enamorada

47

48

SIRENA

Como a una sirena el mar te ciñe
estrellas matinales chispean tus ojos
golondrinas blancas solfea tu riza
fragmentando el aura del amor

Como una flor marina
juguetean tus formas
en un pedazo de agua
como un delfín andino

CAMPANA

Modula una campana
en la afonía de mi soledad
que se mese como una espiga
en el viento del estío

Daza el amor que tintina
en el silencio de tu corazón
donde tu risa corteja
la esperanza que murió

Solloza el amor desterrado
desahuciado por el olvido
allanado por el tiempo
en el vientre de la muerte

TORMENTA

¿Qué ponientes te relegaron de mis costas?
velos grises te ocultan detrás de los árboles
celajes que esconden tu imagen
sol que dejó notar tus formas

Risa que nació en otros labios
flores que agonizan en tus manos
vencidas y asediadas por tu indolencia

¿Qué desvelo anida tu corazón?
¿Qué exilio busca tu espíritu?,
Que mi alma nuca adivino
y te dejó morir antes de nacer

JUEVES EN LA NOCHE

Agitamos la risa de la noche
que bailaba con desdén
sin permiso de la luna
en su vanidosa mueca

Sombra silenciosa de la soledad
custodiadas por coros soberbios
que sonríe en tus ojos
como luciérnagas enamoradas

Micha inventada en un amor silvestre
figura natural de una princesa
que deja su cuerpo trenzar
en mis brazos a su propia voluntad

SUEÑO

En los bordes de mis sueños
florecen tus formas
doradas por los ojos del sol
que te besan sin permiso

La noche tizna tu pelo
el cielo pinta tus ojos
la luna baña tu piel
la rosa tus labios

Yo, un ojo en el vacío
con sed de tu cuerpo
ávido de tus pechos
chispa de tu fuego

NUEVO AMOR

El sol se vela en tus moradas
los ojos de la esperanzas se cierran
sueños que agonizan en el alba
en tardes que amortajan un nuevo amor

Se inventan estrellas azules en el cielo rojo
horizontes conceptuales en mentes ociosas
imágenes virtuales enredes sin tejer

Suspiros de una paloma negra
vuelan como buitres ciegos
que cantan como una calandria
en el corazón de un sueño enamorado

PRINCESA

Es el nirvana
de las quimeras
de una princesa

Donde las piedras pálidas
se enredan con las aguas
danzando en las arenas

La princesa llena de prismas
apacigua las almendras conmovidas
atrapadas en el sol de su espejo triste

61

AUSENCIA

No resplandecen los ojos de las lámparas
se diluyen pupilas de esperanzas
en los montes sombríos de tu pasado
cuando el sol duerme sin ilusiones

El mismo dolor de otros días aflige el corazón
luces tristes de luna vuelven a enjuagar los ojos
nostalgias inmortales se esconden en una leyenda

Todos los besos se duermen en el pasado
vida como una nube negra sin alas
Inmolada en el aliento del viento
postrada en la boca del día

LLANTO

Guardo en tus espejos el recuerdo de tus pupilas
donde los impetuosos huracanes de nostalgia
revolotean en tus rincones profundos
como pájaros negros de rapiña

Vagan los sueños en la sombra del día
despidiendo la noche excitada
en el paraje oscurecido del recuerdo
donde idolatro tu retrato

Volveré a desandar tus caminos
asilando tinieblas de angustia
cantando de nuevo los versos
que sollozan en mi alma

65

SUEÑO

Volver a reanudar los pasajes
que se hicieron forasteros junto a ti
abrazando tu mano ausente
desaguando el llanto viejo
con una nueva ilusión

Volver a extasiar el cuerpo
abrigándote en el corazón
como un puñal intrigante
que seduce el alma

Volver a morir de nuevo
a recubrir las huellas
abandonadas en las playas
que liberan los sueños antiguos

67

YINET

Que triste que mira el cielo
achica sus ojos para no verte partir
llora en el filo de su alma
susurra un adiós tu mirada

Ojos que no se encuentran con los tuyos
voz que ya no endulzan los suspiros
manos impávidas que no abrazarán
el libro de versos que siempre leías

Corazón quebrado que no quiere llorar
en el libro de versos que lloró por mi

MARIPOSA ANDINA

Falena andina de todos los colores
versos creados al mundo desde el sur
sonrisa del viento guardado en el alma
donde aldeas enteras adulan tus versos

Canción andina nacida en lágrimas del sol
donde florecen los sueños del poeta
que canta sus versos para no llorar

Ojos de luna cautiva
desnudan tus formas
en la sonrisa de la tristeza

71

GENOY

Mujer dorada que revolotea bajo el sol
desfila a orillas del río negro
el perfume puro aquieta los corazones
calma nativa que nos une por pedazos
risa del sol escondida detrás de una nube

Sol regado en el aroma de una rosa
en el corazón enamorada de la mañana
que suspira con el llanto del cielo
donde el viento besa tus formas demujer

Mariposa embrujada descubriendo su mundo
pedazo de oro en un manantial dormido
revolotea en el nicho del alma del poeta
tallado en los ojos de la pasión
como un collar de colores en el cielo

ESTACIÓN

Como crece la primavera
tupe los ojos el invierno
en tinta blanca y a la fuerza
ataja los latidos de los versos

Sueña el mundo sin borrascas
muerde el viento de la estación
y el despiadado látigo del frío
azota el cuerpo del verano

Invierno cosido en la noche
en pesado tiempo ceniciento
de la siniestra risa huracanada
que agita el corazón de Dios

75

TIERRA

Cantera de sueños
cántaros cosidos
en tulpas incas
amamantando
leyendas de la sombras

Teje la alpaca
caminos anónimos
Sementeras
de nuevos dioses
traídos de otro lado

Granos de sol
acunan el viento
gotas de trigo
doran la tierra
que antes era nuestra

77

AUSENCIA

Qué nostalgia desconsuela la tarde
qué zozobra se pega a mi alma
en esta eterna ausencia de mujer

Ya no te cantan mis ojos
mis palabras no se acunan
en tu pecho forastero

Qué dolor atormenta el alma
bello es el sueño del corazón
que naufraga una vez más

SUSPIRO

Amor providencial
desolado en un corazón
en el ciego destino
que dios nuca conoció

Amor que nació prisionero
y se sostuvo en tus lares
que lo condenó sin clemencia
Porque la ley es ciega
Ferozmente ciega

Los suspiros agonizan
en el crepúsculo como un amor
a hora solo queda cultivar códigos
y tener fe en su propio Dios
para ser bueno en tu corazón

ANGUSTIA

Siento abrigar en mi corazón
toda la tristeza del mundo
la soledad angustiosa del alba
lacera las pupilas del alma
torturando el amor magullado

Caen relámpagos de fuego
las palmas de mis manos
las atraviesan clavos rojos
alcanzando hasta mi corazón

Flores desteñidas crecen en mi costado
cabezas con coronas de espinas
árboles negros con hojas rojas
follajes salpicados de sangre
en un baldío firmamento

EL SILENCIO

Destruye el alma de un sueño
crucifica la ilusión de un poeta
esfuma la soledad tu retrato
moja las pupilas del alma

El silencio es piadoso cuando me veo en tus ojos
se vuelve palabra en la voz de tus versos
cuando camino contigo aunque no abrase tu mano
para escuchar tu corazón en un poema
cuando tu risa hechiza mis sueños

El silencio tiene rostro de incertidumbre
gotea mi pluma como una lágrima
mi alma quebrada devora mis versos
triste en eternos meses

CANTO

Piedra cuajada en arcilla
cocida en el vientre de la tulpa
en la vieja vasija de agua
que vive en el ojo del sol

Piedra pintada en la sombra
tallada con los dedos del tiempo
recogiendo en su memoria
emblemas invulnerables
gravados en el alma

Piedra que canta en ríos fallecidos
enterrada en cauces vacíos
desnuda como luna riada
en los ríos muertos

EL PATIO

En el patio de tu corazón
ansío sembrar una rosa
en el arrullo de tus besos
y el brillo dorado de tus ojos

En el patio de mi corazón
tejeré un nicho en mi alma
para venerar tus sortilegios

En el patio de tu corazón
esconderé mis versos
tímidos y solitarios

89

RITUAL

Hay un ritual silencioso en tu corazón
esbozando como los poetas
silencios que germinan un versos

Filosofía cansada que muere cada día
con la humildad de una paloma blanca
ante la arrogancia de un general enojado
en el trinar de las hojas de un árbol viejo
que ya no quiere seguir de pie

Tu silencio es defuego
calcina hasta las esperanzas
que brillan en verdes ilusiones
y fallecieron antes de nacer

91

VEJEZ

La primavera se pinta de tristeza
declina el aliento que ardía en el alma
asciende la sombra de añoranza
amparando el desabrigo de Dios

Cae la tarde de repente
como unapena de amor
perfumando de muerte
la esperanza que abrasaste

Inclina la vida su frente
vuelven pesados los párpados
se congoja el día lentamente
en la cortina negra de la muerte

LUNA

La luna en la sombra descubre tu cuerpo
en la urna del corazón de un poeta
que bosqueja en un claro del cielo
códigos desnudos en tus playas

Se enreda tu risa disfrazada de rojo
como una plegaria erótica
en los pétalos de una rosa
que germina y agoniza en otra piel

En un corazón deshabitado
ondula un sollozo
como un autor de sueños
inventando mariposas

ALENA AVSEVEVA

Secaré con un pedazo de sol
los lamentos de un corazón
que agoniza en silencio

En la tela falsa de tus palabras
sueño sin tupir los ojos
con el beso enamorado
que tus esquelas me dejaron
Fantasear con tu amor

Muere el color de una flor
en los ojos cerrados de la luna
en la tarde muda que trae tus recuerdos
en los espejos azules del cielo mudo
que arrebataron mi corazón

97

SILENCIO

Tu silencio alienta el olvido
hostiga el alma
dándole tiempo al tiempo

Sé que no te veré en la noche
que no cuidaré tu cuerpo
y otro tendrá tus suspiros

Nada puede tenerte a mi lado
ni los versos ni mi historia
que no florecerán en ti

ÚLTIMA PÁGINA

Todo se disipa en el corazón del cielo
tus ojos zozobran en la sombra de la luna
tu piel se disuelve en un copo de nieve
tus labios se deshacen en una rosa roja

Todo viene y todo se va en tu silencio
versos fríos abrazan tus suspiros
amarrados en un corazón de mármol

Nada queda en mi corazón deshabitado
te fuiste sin haber estado
levantaste las velas sin haber anclado
amor que nunca creció

JESUS ARMANDO PEÑA CORAL
(CHUCHOPEÑA)

Nació en la Ciudad de Pasto. Nariño Colombia,
Poeta Narrador y Dramaturgo, Magister en Etnoliteratura
Licenciado en Arte Dramático de la Universidad del Valle.
Técnico en Diseño Gráfico.
HA DIRIGIDO: Taller tinta Universidad Mariana, Taller de Escritores del magisterio de Nariño. Director y Fundador de la Fundación Alturas Teatro. Director de la Revista Amauta de SIMANA. Director de la Revista Canto y Greda NO- 11, Director escuela del carnaval, HA PUBLICADO LOS LIBROS: Borrascas, Poemas 1999, Hilando Versos, Poemas 2003, Trocha de Versos, Poemas 2007, Piel de Luna, Poemas 2010 Carnaval de Piel y Papel, Poemas 2012, El Pintor de Mariposas y otros Cuentos 2012, Alma de Papel, Poemas 2013, Versos gitanos 2013, Llanto de invierno 2015, Mariposas Andinas 2017, En Día Muere Temprano, Novela. Ha sido incluido en las siguientes antologías: Antología de Poetas y Narradores de Nariñenses (2003). Antología de Poetas en Homenaje a Aurelio Arturo. Fue columnista del periódico AL DÍA. Sus escritos aparecen en Periódicos y Revistas a nivel nacional e internación,
Fue docente de diferentes instituciones educativas en artes y literatura.

103